JN233766

A Star Is Born

W. A. Wellman
R. Carson

GOGAKU SHUNJUSHA

*This book is published in Japan
by Gogaku Shunjusha Co., Inc.
2-9-10 Misaki-cho, Chiyoda-ku
Tokyo*

*First published 2002
© Gogaku Shunjusha Co., Inc.
Printed in Japan. All rights reserved.*

はしがき

　言語の学習にはテレビ，ビデオよりもラジオ，ＣＤの方がはるかに適している。それは音だけが唯一のコミュニケーションの手段だからだ。耳の働きは鋭敏となり，英語リスニング力はそのぶん確実に上達する。理論的にも証明されている。

　アメリカで制作されたこの『イングリッシュ・トレジャリー（英語の宝箱）』は，その点リスニングの究極の教材といえるだろう。

　英米の名作が放送ドラマ形式でできているので，登場人物のセリフがまるで目の前でしゃべっているように聞こえてくる。しかも，効果音が実によくできているので，胸に迫るような臨場感がある。たとえ一瞬たりともリスナーの耳を離さない。

　しかも，ドラマの出演者は，アメリカ・ハリウッド黄金時代を飾ったスターたちだ。人のしゃべる言葉とはこんなに魅力あるものかと，あらためて感動する。生きた言葉とはまさにこれを指すのだろう。

　『イングリッシュ・トレジャリー』のよさは，またその構成のうまさにある。物語の進行に伴う場面ごとにナレーションが入って，その背景を説明してくれるので，リスナーの耳を瞬時にその場面に引き込んでくれる。しかも，放送ドラマだからサウンドトラックと違ってクリアーな音がたえず流れてくる。会話によどみがない。

　名作をたのしむというステキな環境の中で，総合的な語学学習ができるところに，この教材のすばらしい利点が見出せよう。

　「リスニング力」はもちろん，物語の中でこそ最もよく覚えられる「単語・会話表現」，そしてシャドウ（あとからついて言う）で身につく「スピーキング力」，英語シナリオ一本まるごと読むことでつく「読解力」と，まさに一石四鳥の「英語の宝箱」だ。

　どの作品を取り上げても文句なく楽しめる。

CONTENTS

はしがき …………………………………………… iii
シリーズの使用法 ………………………………… v
CD INDEX 一覧 …………………………………… vi
作家と作品 ………………………………………… vii
あらすじ …………………………………………… viii
ACT 1 ……………………………………………… 1
ACT 2 ……………………………………………… 12
語句の解説 ………………………………………… 35

●シリーズの使用法

英検1級レベル

　英文シナリオを見ずにＣＤをひたすら聴く。第2ステージでは，聞き取れなかった部分や「これは」と思った慣用表現を英文シナリオでチェック。口頭でシャドウ（英語のセリフのあとを追いかけて，そのまま繰り返すこと）できるまで習熟したい。

英検2級〜準1級レベル

　英文シナリオを片手に，ＣＤを聴く。第2ステージでは，日本語訳・語句の解説を参照しながら，英文シナリオの完全理解を図るとともに，使える会話表現をどんどん身につける。第3ステージで，日本語訳を片手に，ＣＤを聴く。シナリオなしにＣＤが聞き取れるようになれば卒業だ。

英検3級〜準2級レベル

　日本語訳・語句の解説を参照しながら，まず英文シナリオを丁寧に読む。第2ステージでは，英文シナリオを片手にＣＤを聴こう。音声のスピードに慣れるまでは，物語の小まとまりで切って，そこを何度も聴きながら，学習を進めてください。ＣＤだから，頭出しは自由自在です。会話表現や単語数もどんどん増やすチャンスです。

　第3ステージでは，日本語訳を片手に，ＣＤに耳を傾ける。この頃には，耳も相当慣れてきて，リスニングにかなりの手応えを感じはじめているだろう。

　物語は，難易度表の「初級〜中級レベル」表示の比較的易しめのものから入っていくことをお勧めする。

CD INDEX 一覧

	本文ページ	該当箇所	冒頭部分
1	1	ACT1-1	High heels, low heels clicking across ...
2	2	ACT1-2	Feel better, Esther? Yes, Danny.
3	4	ACT1-3	Hello, well, do you want to fire me ...
4	5	ACT1-4	Norman, I've made a lot of money ...
5	7	ACT1-5	A drink, Mr. Maine? Say, who, ...
6	8	ACT1-6	I'll bet I know what you're going to ...
7	11	ACT1-7	Hello. What is it? Who? Norman?
8	12	ACT2-1	OK, Joe, slate it. Screen test number 12.
9	14	ACT2-2	I may as well tell you that ...
10	16	ACT2-3	This is Billy Moon from Hollywood.
11	17	ACT2-4	Vicki, are you ... are you kidding?
12	19	ACT2-5	Why, I can't believe it. But it's true, ...
13	21	ACT2-6	Hello, Oliver. Well, hello, Norman.
14	22	ACT2-7	There you are, darling.
15	25	ACT2-8	Well, hello, Mr. Maine.
16	28	ACT2-9	Is he sober yet? He's a sick man.
17	29	ACT2-10	Well, good morning or is it, ...
18	31	ACT2-11	It's cold. Gee, why shouldn't ...
19	32	ACT2-12	She is coming in. If I can see ...

（本CDは歴史的に貴重なオリジナル音源を使用しておりますので、一部お聴き苦しい箇所が含まれている場合もございますが、ご了承ください）

作家と作品

　『スター誕生』は,「アメリカの夢」をテーマにした,まことにアメリカ的な「サクセス・ストーリー」の代表作であるから,アメリカ人の物の考え方や生活と文化の一つの典型を,そこに見ることができる格好の映画である。

　1937年度のアカデミー原作賞に輝いたオリジナル・ストーリーは,ロバート・カースンと監督ウィリアム・ウェルマンの合作,脚本はアラン・キャンベル,ロバート・カースンにドロシー・パーカーが加わって,アカデミー脚色賞にノミネートされる。主演はフレドリック・マーチとジャネット・ゲイナーで,両人ともアカデミー賞にノミネートされる。昭和13年に日本で封切られたときには,キネマ旬報外国映画のベスト・テンの第5位に選ばれた。

　1954年に再映画化されたときの監督は,『マイ・フェア・レディ』のジョージ・キューカーで,豪華な3時間のミュージカル大作として製作された。主演のジェイムズ・メイスンとジュディ・ガーランドは,アカデミー主演男優賞と女優賞にそれぞれノミネートされている。昭和30年に日本で封切られたときには,キネマ旬報外国映画ベスト・テン第3位に選ばれて話題になった。

　1976年に行われた3度目の映画化では,フランク・ピアスンが監督して,ロック・ミュージック界のサクセス・ストーリーに置きかえ,ロック界のスーパースターをクリス・クリストファスン,一挙にスターダムにのしあがるナイトクラブの歌手をバーブラ・ストライサンドが演じた。

　このCDでは,1937年版に主演した名優フレドリック・マーチの声を聞くことができる。映画ファンにとっても,英語学習者にとっても,ありがたいことだ。すぐに使える会話表現に満ちた台本もついている。楽しみながらCDを聞いて口語表現を覚え,名優の声を何度も聞いてヒアリングの力をつけるには,もってこいのシナリオであり,CDである。

あらすじ

　映画の都ハリウッドには，アメリカ中から映画スターになることを夢見て，若者たちが集まって来る。エスター・ブロジットもその一人であった。彼女は監督志望の青年ダニーの仲立ちで，大物監督ケイシー・バークのパーティにウェイトレスとしてもぐり込み，そこで以前から憧れていた二枚目スター，ノーマン・メインと出会うことになる。

　今はもうスターとしての峠を越し，酒に溺れて乱行をはたらくノーマンも，エスターの誠実さとひたむきなところに打たれて，プロデューサーのオリヴァー・ナイルズに掛け合い，エスターにスクリーン・テストを受けさせる。テストに合格したエスターは，女優ヴィッキィ・レスターとしてスターへの階段を駆け登ってゆく。同時に，ノーマンとの愛情も育ち，ボクシングの試合を観戦中に，ノーマンはさりげなくエスターに結婚を申し込み，エスターは禁酒を誓わせてから承諾するのであった。

　二人の幸福が永遠に続くかのように思われたのもつかの間，今やスターの座へ昇りつめたエスターと，撮影所からも煙たがられるノーマンとの明暗は明らかであった。映画界での巻き返しをはかるノーマンの努力も，時すでに遅く，多忙なエスターの帰宅を待つ退屈な日々が続く。そしてノーマンは，以前から彼を毛嫌いしていた宣伝部のリビーの挑発にのって，さんざんな目に遭わされ，これを機にまた酒に溺れていくことになる。

　ある日ノーマンは，エスターが自分を立ち直らせるために映画界を去ろうとしていることを知る。エスターの映画界での成功を願うノーマンは，一人夜の海へと沈んでいく。

　ノーマンを失った悲しみを振り切ってスクリーンに戻ったエスターは，新作のオープニングに詰めかけた映画ファンを前にして，こう挨拶するのだった。「今夜わたしは，ノーマン・メイン夫人としてお話しさせていただきます」

A Star Is Born

CAST

Esther: Esther Blodgett [Vicki Lester], a screen starlet.
Norman: Norman Maine, a famous screen star.
   (*played by Fredrick March*)
Danny: Danny McGuire, a young man who wishes to be a film director; Esther's friend.
Oliver: Oliver Niles, a film producer; Norman's friend.
Casey: Casey Burke, a big film director.
Libby: Matt Libby, the staff of Oliver's publicity department.
Moon: Billy Moon, a film reporter.
Sam: a waiter.

ACT 1

1

Deskman: High heels, low heels clicking across the lobby of my little Hollywood hotel; high heels, low heels that have come from all over America to win a place in the movies.

Esther: Anything for me, Pop? Anything for Esther Blodgett?

Deskman: Yes, Blodgett. Well, let me see. No, nothing. How was the luck today?

Esther: There wasn't any.

Deskman: Maybe you don't go at it right. Now, you take Danny McGuire here. He knows the ropes, don't you, Danny?

Danny: Sure. Had 'em around my neck for years.

Deskman: Miss Blodgett, Mr. McGuire. Mr. McGuire works in pictures...when he works.

Danny: How are you?

Esther: Oh, I'm not working at all. I'm just beginning to think I'll never get a job. I guess I'm beginning to get a little scared.

Danny: Well, there's only one thing to do for that feeling, when you're tired and sunk and down to your last nickel. Come on, I'll buy you a drink.

2

Danny: Feel better, Esther?

Esther: Yes, Danny. And when I sign my contract, the first thing I'm going to do is to see that you direct every picture I'm in. And another thing I'll insist on is that Norman Maine plays my leading man.

Danny: Attagirl. Hey, how did he get in here?

Esther: Oh, he's been my ideal for ages.

Danny: Yeah. Ah, look, Esther, since you won't go back home and you intend to stick here in Hollywood, you got to eat.

Esther: Right.

Danny: And to eat you've got to work.

Esther: Right.

Danny: So, well, believe it or not, I...I got a job for you.

Esther: Danny. Oh, that's wonderful. When do I go to the studio?

Danny: Well, you...you don't exactly go to a studio. It's...it's to be a waitress. You, you see, it's a kind of a movie job in a way.

Esther: You said it was to be a waitress.

Danny: Yeah, but it's waitressing for Casey Burke, the big director over at our studio. He's throwing a party tomorrow night to celebrate on account of finishing the picture and he told me to get him an extra waitress. Oh, a lot of people'll see ya, honey, and...and it's five bucks.

3

Casey: Hello, well, do you want to fire me now or do you want to wait until you see the picture? I'm not a director anymore. I'm a male nurse.

Oliver: (*laughs*) Oh, Burke, what's the matter with the picture?

Casey: A guy named Norman Maine. His work is beginning to interfere with his drinking.

Oliver: Oh, you do alright with Norman?

Casey: Yeah. I'm told I mix a marvelous Bromo Seltzer.

Oliver's wife: Excuse me. Oliver, darling, Mr. Libby from your publicity department is here. Something about Mr. Maine.

Oliver: Oh, yes. Probably some little thing. Yes, Libby?

Libby: Your star, Norman Maine was apprehended driving an ambulance down

	Wilshire Boulevard with the siren going full blast.
Oliver:	Oh, no.
Libby:	He explained he was a tree surgeon on his way to a maternity case.
Oliver:	Yeah, well, will it...will it be in the papers?
Libby:	No, no, it won't be in the papers.
Oliver:	Hah.
Libby:	But it's a nice expensive hobby of yours, keeping Mr. Maine's informal entertainments out of the public press.
Oliver:	Oh, my god, is, is he...?
Libby:	No, no, he's not in the pokey. He's out on bail, in that Duesenburg roadster of his, probably aiming in the general direction of this party.

4

Oliver:	Norman, I've made a lot of money with

	you. I can stand a loss or two, but I hate to see you go the way of so many others.
Norman:	Well, Oliver, why don't you get Lloyd's to insure you against me?
Oliver:	You can't get insurance against a man forgetting who he is. You're a great star, Norman, but there's nobody so big he can afford to have people refuse to work with him.
Norman:	Who...who doesn't want to work with me? I...I know plenty of people who do.
Oliver:	Yeah, so do I, Norman. But your real friends can't stand seeing you fall apart.
Norman:	What do you mean by that?
Oliver:	Oh, the first signs are always the same, Norman: not being able to remember your lines, the cameraman struggling to cover up your hangovers, all because you've got to have a good time every day, every night. I, I've warned you for a long

time, Norman.

5

Esther: A drink, Mr. Maine?

Norman: Say, who, who cast this party? Who's the beautiful waitress? Where are you going, beautiful?

Oliver: Oh, I give up.

Norman: Oh, this is very good. Did you make it with your two little hands?

Esther: No, I didn't.

Norman: Hey, wait a minute.

Esther: Oh, I'm sorry, I've got to stack plates in the dining room.

Norman: Oh, no, now don't go away.

Esther: Oh, I'm sorry. I...I must help serve the buffet, Mr. Maine.

Norman: Well, of course, we must. How careless of me to forget...! You've got very pretty hair.

Esther: Please, Mr. Maine, you'd better not stay here.

Norman: And a sensitive mouth and a charming.... Come on, come on, this is no place for you. We've got to get out of here.

Esther: I can't. I've got to stay.

Norman: My dear, you're, you're much too pretty to be a waitress and I'm much too bored to be a guest.

6

Norman: I'll bet I know what you're going to say now.

Esther: What?

Norman: Good night.

Esther: Good night and thanks.

Norman: Oh, no, now wait a minute. Do you realize that all I've found out about you is that you're foolish enough to want to go into pictures?

Esther: Why is it foolish? Look at you.

Norman: Yeah, that's what I mean. Now, I'd, I'd like to go into this matter rather thoroughly.

Esther: Oh, that's awfully nice of you.

Norman: So why don't we go on up to my place and talk it over?

Esther: Oh, no, thank you very much, but I really must say good night. You're not angry?

Norman: I'm hungry.

Esther: Well, why don't you go get something to eat?

Norman: Ah, I see. Well, good night, Miss Blodgett.

Esther: Good night, Mr. Maine.

Norman: Wait a minute. The least I can do is see you to the door. Will I see you again?

Esther: I hope so.

Norman: Has anyone ever told you that you're lovely?

Esther:	Well.
Norman:	Well, now you know.
Esther:	Thank you.
Norman:	This...this is hard to say, but I want to say it anyway. On the screen I'm a...well, you know.... In private life I'm a...well, you know. But whatever I do I still respect lovely things and you're lovely. Do you understand?
Esther:	I understand.
Norman:	And it's not that whisky I've been drinking that's talking either.
Esther:	I'm glad.
Norman:	Good night.
Esther:	Good night.
Norman:	Hey. Hey, wait a minute.
Esther:	Yes.
Norman:	Do you mind if I take just one more look? Thank you.

7

(telephone rings)

Oliver: Hello. What is it? Who? Norman? Oh, what have you done now? Oh. Oh, yes, I see. Oh, yes, so it's that again, huh. Oh, sure, she, she's beautiful. Sure, I know. You want me to give her a screen test? Yes, certainly she has wonderful possibilities. You know she's got something. You know all the others had something too.

Norman: I tell you, Oliver, she has that sincerity and honesty, that, I mean that sincerity and honesty that, that makes a great actress. I'm so sure of this girl I want to do the test with her myself. I'm determined to save you from making a terrible mistake, from letting another studio snap her up. Now, you've worked hard, Oliver, and you're entitled to a break. You... you'll give her a test? Swell, swell, Oliver.

I'll call her up myself.

ACT 2
1

Staff 1: OK, Joe, slate it.

Staff 2: Screen test number 12. 432, Esther Blodgett. Director, Casey Burke. Cameraman, Hailey.

Staff 1: Hey, wait a minute, move that gobo.

Staff 3: Put a silk on the block. No, not an inky one. That's the one.

Staff 1: Is this light too hot, Hailey?

Cameraman: OK, but cut down on your backlight.

Staff 1: Put a double on that, Mighty.

Danny: I think she's going to do swell. Don't you, Mr. Burke?

Casey: If I could tell that, Danny, the studios wouldn't have to make tests and I'd get a million dollars a year.

Danny: Ah, yes, Mr. Burke.

Casey: Listen, Gentlemen, this is just a test. Have you forgotten by any chance there's a football game this afternoon?

Cameraman: Ready now, Mr. Burke.

Staff 1: All ready, Mr. Burke.

Staff 3: OK, Mr. Burke. We can go now, Mr. Burke.

All: Ready.... Ready.... All set.... All set....

Danny: We're ready, Mr. Burke.

Casey: Alright. Let's take it. Ready, Norman?

Norman: Ready.

Casey: Ready, Miss...what's your name?

Norman: Oh, he'll soon know your name, Esther. The whole world's going to know it.

Esther: But I'm so scared. Maybe I'd better not try it today.

Norman: Don't be silly, honey. They all had to go through this. Bergman, Bette Davis, Myrna Loy, and now, Esther Blodgett.

Esther: Alright, I'm ready.

Casey: Quiet.

Staff 1: Quiet. This is the take.

Casey: Roll 'em.... Speed. Alright, Miss Blodgett.

2

Oliver: I may as well tell you that my whole organization thinks I've gone nuts to sign you, but, well, maybe they're right. I've been nuts before.

Esther: I hope you're not wrong.

Oliver: Well, we won't know for a while. The worst of it is Norman Maine saw the

	screen test and now he wants you for his leading lady in his new picture.
Esther:	Oh.
Oliver:	As a matter of fact he insists on it. I could have said no in words of one syllable but I've got a hunch about you.
Esther:	Oh.
Oliver:	Yes, I think the public's going to go for you. That's all that matters, even if you can't act.
Esther:	Ah.
Oliver:	By the way, what is your name anyway?
Esther:	My name? Oh, oh, my name is Esther Blodgett.
Oliver:	No, Good Heavens, no, not that.
Esther:	Why? Is there something wrong with it?
Oliver:	Well, it's alright for Esther Blodgett housewife, but it's no good for a star. Now, let me see. You've got to have a name that looks well in that papers and

on a marquee. I used to know a girl called Vicki. Yes, I like the name Vicki. Well, now for a last name. Jones, Smith, Marfusky? No, no.

Secretary: Excuse me, Mr. Niles, there's a Mr. Lester on the phone.

Oliver: Who?

Secretary: Mr. Lester.

Oliver: That's it. That's it. Lester, Vicki Lester. Great!

3

Moon: This is Billy Moon from Hollywood. Exclusive. Oliver Niles has done it again, discovered a new Cinderella. A starlet from the Rockies. Her name is Vicki Lester and she'll soon have all Hollywood agog when her new picture with Norman Maine is shown in your hometown.

4

(*cheering voices*)

Norman: Vicki, are you.... are you kidding? Is this really your first prizefight?
Esther: Yes, Norman. It's so exciting.
Man: Get him, buster. Shoot your right.
Norman: Watch how he gets him.
Man: Can't you hear me, buster? Shoot your right.

Esther: Yeah, shoot him....
Norman: So, you like it, huh?
Esther: Uh-huh.
Norman: Do you like me?
Esther: Oh, sure I do. You were always my idol. Even way back in....
Norman: Uh-uh, don't tell me, don't tell me. By the way, will you marry me?
Esther: No, thank you.
Man: Come on. Come on. Finish it.
Norman: Why won't you marry me?
Esther: Because you're not dependable....
Man: Shoot your right.
Esther: And you throw your money away....
Man: Hey, referee....
Esther: And...and you drink too much.
Norman: Well, suppose I quit drinking?
Esther: Yes?
Norman: And suppose I became absolutely dependable on all occasions. (*cheering*) Ah, gee, that was a beautiful right. What a

fight!

Esther: Norman.

Norman: What, dear, what?

Esther: Would you do all that for me if I said I'd marry you?

Norman: Oh, no, no. I...I was just kidding.

5

Esther: Why, I can't believe it.

Norman: But it's true, Mrs. Maine, it's true. That's your new house. This is your new grass. Those are, are the trees and here's your new husband.

Esther: Oh, Norman. Carry me across the threshold.

Norman: Sure. You mind if I kiss you again?

Esther: Oh, Norman, I'm so happy. I'm so lucky. It'll always be like this, won't it, Norman?

Norman: Sure, darling. If you like me as a bride-

	groom, just wait till you know me as a husband.
Esther:	I can't wait. And I thought we were going to live at the beach house.
Norman:	Oh, we'll still keep the house at the beach, but this is special. I mean, this is our castle that used to be in the air where we'll never use ugly words like contracts, and pictures, and careers. When we come in those gates, we'll check the studio outside. (*phone rings*) Oh, oh. I'll take it, darling....
	Yes. No, no. Miss Lester isn't at home yet. No, I'm not the butler, but I can take a message just as well as he can. Honest. Oh, oh, yes, the academy dinner. Well, I'll let you know. Oh, hold on a minute. Mr. Norman Maine has just come in. Would you like to talk with him about the dinner? Oh, oh, I see, you wouldn't? Yes, yes, I'll er...I'll tell Miss Lester when

	she comes in.
Esther:	Norman. Oh, please, Norman.
Norman:	Ah, forget it, darling. I just didn't realize. You see, sweet, a new star is born. Let's, let's go look at the swimming pool.

6

Norman:	Hello, Oliver.
Oliver:	Well, hello, Norman.
Norman:	I've come over here to ask a question of you as a friend, Oliver.
Oliver:	For sure. Sure, go ahead. Shoot.
Norman:	Oliver, do you...do you think I'm slipping?
Oliver:	Well, Norman, I.... Can you take it?
Norman:	Go ahead.
Oliver:	Well, the tense is wrong, Norman. You're not slipping. You've slipped.
Norman:	My fan mail is still big.
Oliver:	Norman, we're not through yet, you

Norman: know either of us, I... I... I've got a swell script lined up for you.

Yeah, but about Esther. If you think I'm going to get in her way?

Oliver: Well, as a matter of fact, it just so happens that there isn't anything for her in this picture. I've more or less planned to star her in a picture of her own, maybe with that young Pendelton. He's... he's coming along, you know, very nicely.

Norman: Good for young Pendelton. Alright, Oliver, we'll make a try at it and let's... let's hope it's not too late.

Oliver: Yeah. Let's hope it's not too late.

7

Esther: There you are, darling. What's new today?

Norman: Oh, nothing. I haven't been out of the house.

Esther: Let's go somewhere tonight.

Norman: No. You're tired. You've been at the studio all day. We'll stay in.

Esther: Oh, I'm not tired really.

Norman: Oh, yes, you are. And you've got a hard day ahead of you. Anyway, I see so little of you I'd rather have you to myself.

Esther: But it's the servants' night out, Norman. We haven't any food.

Norman: Uh-uh. I'm learning to cook in my spare time.

Esther: Then I'll think of marrying you.

Norman: (*laughs*) I get it. You want to make an honest cook out of me. Look, I'm about to unveil a kingly repast. Well, how does it look?

Esther: Wonderful!

Norman: I agree. Don't be formal, darling. Just pitch in. Even if the sandwiches do look a little large.

Esther: I guess my mouth isn't quite big

Norman: enough.

That's too bad. Next time I better measure it and make 'em to size.

Esther: They're a little hard to lift too.

Norman: We...we could have some cold beer.

Esther: Norman.

Norman: That is, you could have some. I...I'd watch. I haven't broken my promise, darling. I haven't had a drop of alcohol in...well, since we've been married.

Esther: Oh, my darling, I love you so.

Norman: Then it must run in the family because this teetotaller and old wreck loves you with great love. How about a little tiny kiss?

Esther: That's what I wait for all day. (*sound of buzzer*) Don't answer it, Norman. Maybe they'll go away.

Norman: No. They never go away at a time like this. I'll be right back, honey.

Postman: Vicki Lester live here? A package.

Norman: I sign for it?
Postman: Who are you?
Norman: I'm her husband.
Postman: OK, sure. Sign right here, Mr. Lester.
Norman: Mr.... Mr. Lest.... Oh, great.

8

(laughter; talking voices)

Sam: Well, hello, Mr. Maine. Haven't seen you at the track in a long time. What'll it be? Same as usual?

Norman: No, no. I've reformed, Sam. I'll have some ginger ale, please.

Libby: Well, if it isn't Mr. America of yesteryear.

Norman: Hello, hello, Libby. How's the press agent business?

Libby: Aren't you away without your keeper? I heard you were tied to the reservation.

Norman: Yeah.... I, I've been keeping pretty

close to home, Libby.

Libby: It gets pretty dull, doesn't it? A lot of time to kill since you retired from the hurly-burly of the screen.

Norman: Yeah, yeah, it gets dull. And Esther's away a lot, you know.

Libby: I wouldn't complain about that if I were you. It's nice somebody in the family's making a living.

Norman: Hey, go a little, a little slow, will you, Libby? I don't want to forget we're friends.

Libby: Friends. Friends, my eye. Listen, I got you out of your jams because it was my job, not because I was your friend. I don't like you. I never did like you. Nothing made me happier than to see all those cute little pranks of yours catch up with you and land you on your celebrated face.

Norman: That's pretty work, Libby. Always wait until they're down, then kick 'em.

Libby: Say, listen, you've fixed yourself nice and comfortable. You can live off your wife now. She'll buy you the drinks and put up with you, even if nobody else....

Norman: What d'ya...(*punches him*)

Libby: OK, Mr. Maine. (*punches back*) There. That's what I've been waiting for. Lie there on the floor, glamour puss, and take the count.

People: Why, it's Norman Maine.... He's drunk again.... He's been drunk for years.... Yeah, but don't turn on him.... Why, he can't even get up off the floor.

Norman: Oh, yes, he can.

Sam: Can I get you some ice for your eye, Mr. Maine?

Norman: Yeah, plenty of ice, Sam, and a bottle of scotch.

⑨

Oliver: Is he sober yet?

Esther: He's a sick man.

Oliver: He's been drunk for weeks.

Norman: (*saying to himself*) No. No, you're wrong, Oliver, drunk for months, not weeks.

Esther: He's sleeping now.

Norman: (*to himself*) Ah, no, he isn't, darling. He's listening to you.

Oliver: Vicki, do you still love him?

Esther: Yes, Oliver, I do. I'm going to stay with him and I'm going to try to help him.

Oliver: Vicki, I've got to tell you something.

Esther: I don't want to hear it. I don't care what you have to say about my career. I, I'll give up pictures. I'm going away for good with Norman.

Oliver: But you can't do that. You're at the very peak of your success and you've worked hard to achieve it while he.... Oh, Norman is through and he won't admit it. He's dragging you down with him.

Esther: Oliver, what if he heard you say that?

Oliver: Oh, he's asleep, probably passed out. Oh, you've tried to defend Norman. You've said he helped you to make a career. I say nobody can help people to careers. You've made your own career. It's your life.

Esther: I belong with my husband.

Oliver: It's your life you're giving up, Vicki.

Esther: Maybe I can give Norman back his. Goodbye, Oliver. Thank you for everything.

🔟

Norman: Well, good morning or is it, is it evening, darling?

Esther: It's evening, Norman.

1	Norman:	I must have slept like a log.
	Esther:	Yes, you have been sleeping. You did.
	Norman:	You're jittery, darling. I'm just coming out of the jitters and you're just going in. This is a swell household.
	Esther:	(*sobbing*) Isn't it?
	Norman:	Honey, I feel like being an athlete this evening. Thought I'd take a dip in the ocean.
10	Esther:	Swim? This time of night?
	Norman:	Oh, sure. I'm a reformed character. What I need is to build up my muscles. Take your socks off and come on in with me.
15	Esther:	Norman, I'd freeze. I'm a sunbather.
	Norman:	Sure you are. Well, I'm.... I'm off to the briny deep.
	Esther:	I'll have something warm for you to eat, darling.
20	Norman:	You're a priceless jewel. Good wife. Say, hold that pose.

Esther: Why, silly.

Norman: Hold it. Do you mind if I take just.... one more look?

11

(*sound of waves*)

Norman: It's cold. Gee, why shouldn't the Pacific Ocean be cold, Mr. Maine? The Pacific should be nice and cold considering it's about to be your grave, Mr. Maine. Yes, it's waiting out there for you, Mr. Maine, and it plays for keeps. What am I doing this for? Turn back, Mr. Maine. Turn back before it's too late. (*he retrospects*)

—— (*Esther's voice*) No, I'll give up pictures. I'm going away for good with Norman.

—— (*Oliver's voice*) You're at the very peak of your success. Norman is through and he won't admit it. He's dragging you

Norman: down with him.

Oh, no. Oh, no, he isn't. No, he isn't. Norman Maine is going down below. No. Oh, yes, you are, Mr. Maine. Down and down and down and down....

(*sound of waves; music*)

12

(*voices of crowd*)

Fan 1: She is coming in. If I can see better, I can see you.

Fan 2: Push the men, Mabel. We've got to get closer....

Fan 1: There she is. There's Vicki Lester. Vicki. Vicki.

Fan 2: She's beautiful.

Fan 3: And to think her husband was just drowned in the ocean.

Fan 2: She don't look a bit worse for what she's been through.

Fan 1: Vicki, Vicki. Oh, she just looked right at me.

Moon: Yes, folks. The entire picture industry has come to the Chinese Theatre for this opening tonight, come to pay tribute to a great star in what has been called her greatest performance. The girl who won the heart of Hollywood, Miss Vicki Lester. (*cheers*) Let me...let me through, please. Please. Please do. Thank you. Miss

Esther: Lester. Miss Lester, please. A few words for the movie audience before we go on with this great occasion. Ladies and gentlemen, Miss Vicki Lester.

Thank you. But tonight I'd rather speak to you as Mrs. Norman Maine....

THE END

語句の解説

ACT1

page　line

(1)

1　　1　　clicking 「かちり［かちかち］と音がする」

　　　4　　all over 「一面に，…の諸所方々に」

　　　13　the ropes 「(仕事などの) こつ，秘訣」

　　　14　Had 'em around my neck＝He had the ropes…

　　　　　cf. have the rope around one's neck 「窮地に陥っている」

　　　　　for years＝for many years 「多年，幾年間も」

2　　3　　get a little scared 「少しおびえる」

　　　6　　nickel＝five cent piece 「(米・カナダの) ニッケル貨，5セント白銅貨」

　　　7　　buy＝stand, treat 「おごる」(通例，間接目的語を伴う)

(2)

　　　12　insist on 「せがむ，言い張る」

　　　13　leading man 「(演劇・映画の) 主演男優」

　　　14　Attagirl. 「いいぞ，でかした」 "That's the girl." の略。

　　　　　cf. attaboy

　　　　　get in 「入る」

　　　15　for ages 「長い年月，長い間」

　　　18　Hollywood 「米国の映画界」

3　　2　　you've got to＝you have to

　　　14　throwing a party 「(パーティーなどを) 催す，挙行する」

　　　　　hold [give] a (cocktail) party, dance, dinner, etc.

page	line		
	15	on account of	「～の理由で」
	18	five bucks	「5ドル (dollars)」

（3）

page	line		
4	1	fire	「首にする，解雇する」
	8	interfere with	「(利害などが) 衝突する，対立する」
	18	was apprehended	「逮捕された」
	19	ambulance	「救急車」
5	1	Wilshire Boulevard	ロサンゼルスにある大通りの名称。
	2	full blast	「盛んに活動して，全力をあげて」
	4	a tree surgeon	「樹木外科術専門家」
		on his way to…	「…へ行く途中に」
	5	maternity	「妊婦の」
	6	be in the papers	「新聞に出る」
	14	pokey [póuki]	「刑務所，豚箱 (jail)」
		He's out on bail	「(保釈金を納めて) 保釈出所した」
	15	Duesenburg roadster	スポーツカーの名称。

（4）

page	line		
	18	made a lot of money	「大金をもうけた (earned)」
6	3	Lloyd's	「ロイズ (Londonにある世界最大の保険市場)」
	4	insure you against…	「…から守る，に保険をかける」
	7	can afford to	「(人が～するだけ) の余裕を持つ」
	11	I know plenty of people who do.＝I know plenty of people

page	line		
		who want to work with me.	
	13	so do I＝I also know plenty of people who want to work with you（Norman）.の意。	
	14	stand 「耐える，我慢する（bear, tolerate）」	
		fall apart 「砕け散る」	
	19	cover up 「失敗などを隠してやる」	
		hangovers 「二日酔い」	

（5）

page	line		
7	3	cast 「(役を) 割り当てた」	
	11	stack 「積み重ねる」	

（6）

page	line		
9	5	awfully 「非常に」	
	7	talk it over 「そのことを相談する，話し合う」	
10	11	not that… 「…だからではなく」	
	18	take just one more look 「一目見る」	

（7）

page	line		
11	7	possibilities 「可能性」	
	15	making a terrible mistake 「ひどい間違いをする」	
	16	snap her up 「先を争って［われ勝ちに］取る」	
	19	Swell 「素晴しい，すてきな」	

ACT 2

(1)

page	line	
12	6	gobo [góubou] 「遮光板（カメラのレンズに散光が入射するのを防ぐ）」
	7	on the block 「せり売り台で」
		inky 「真っ黒な」
	11	double 「代役」
13	11	take 「撮影する」
	16	scared 「こわがって」
	18	silly 「愚かな」
	19	go through 「（苦難，経験など）を経る」
		Bergman, Ingrid (1915-1983)《米》女優。スウェーデンのストックホルム生まれ。「ガス燈」('44)でアカデミー主演女優賞を得た。
		Bette Davis (1908-)《米》女優。「青春の抗議」('35)と「黒蘭の女」('38)でアカデミー主演女優賞を得た。
	20	Myrna Loy (1905-)《米》女優。「美人帝国」('25)でデビュー。1925年から31年にかけて60本以上のサイレント映画に出演。
14	2	take 「（連続した）1シーンの撮影，1ショット；（1回分の）撮影シーン［場面］」
	3	Roll 「（カメラなどを）作動させろ，始動させろ」
		Speed. 「（機械などを）一定の速力にしろ，…の速力を調節

page	line		
		しろ」	

(2)

page	line		
14	6	nuts 「奇人，変人」	
	10	for a while 「しばらくの間」	
15	1	he wants you for his leading lady 「あなたが自分の相手役の女優であることを望む」	
	4	I could have said no… 帰結節だけの仮定法。「言おうと思えばノーと言えたのだが」の意。	
	6	hunch 「直感 (intuition)」	
	8	the public 「ひいき連，ファン」 have a large public 「ファンが多い」	
	9	even if… 「(たとえ) …でも」	
16	1	marquee [mɑːrkíː] 「マーキー (映画館・劇場の入口の上に突き出た，上演作品や俳優の名が掲げられる照明のついたひさし)」	
		used to〜 「〜したものだ」	

(3)

page	line		
	12	Exclusive. 「独占記事，特ダネ」	
	13	Cinderella 「無名から一躍有名になった人」	
		starlet 「若手の女性スター，スターの卵」	
	16	agog [əgág] 「(期待などで) ひどく興奮して」	

(4)

page	line		
17	3	prizefight	「プロボクシングの試合」
	7	buster	「おいきみ，坊や（男性に対する呼びかけ）」
18	12	dependable	「頼りになる」
	20	on all occasions	「いかなる場合にも」
19	6	kidding	「冗談を言う」

(5)

	13	threshold	「入口」
	14	You mind if I kiss you again?＝Do you mind…?	
	18	bridegroom	「花婿」花嫁はbride。
20	9	careers	「(職業での)成功，出世」
	10	check	「阻止する」
	14	butler	「執筆」
	16	the academy dinner	「アカデミー賞晩餐会(ばんさん)」
	20	you wouldn't?　後にlike to talk with him about the dinnerが省略されている。	
21	4	sweet《呼びかけ》	「ねえ，あなた，おまえ」

(6)

	8	over here	「こちらに」
	10	For sure.＝Surely.／For certain.	「確かに，確実に」
		Shoot.	「さあ，やれ；言ってごらん，聞いてあげよう」
	11	slipping＜slip	「衰える」
	13	take	「(忠告などを)受けて応ずる[従う]，…を甘受する，

page	line	
		耐え忍ぶ」
	15	Well, the tense is wrong, Norman. You're not slipping.
	16	You've slipped. Norman の I'm slipping?（わたしは落ち目かい？）を受けて，直訳すれば，「そりゃあノーマン，時制が間違っているな。きみは落ち目じゃあないよ（現在進行形）。すでに落ちたんだ（現在完了形）」と言って，事態の受け止め方の違いを表現している。
	17	fan mail＝fan letters
	18	we're not through　be through　「役に立たなくなって」このthroughは副詞。
22	2	lined up　line up　「(物)を手に入れる，つかむ」
	4	get in her way　「彼女の邪魔になる」
	7	more or less　「だいたい」
	8	star　動詞で「主演させる」の意。Starring Fredric March（フレドリック・マーチ主演）
	10	coming along　come along　「現れる，登場する」
	12	make a try at…＝have a try at…　「…を試みる」

（7）

	15	There you are　「あら，そこにいたの」
23	5	Oh, yes, you are.　後にtiredが省略されている。
	6	ahead of…　「…の前に」
	7	I'd rather〜　「むしろ〜したい」

page	line		
	8	night out	「（召使などが暇をもらって）外出できる夜」
	11	spare time	「余暇」
	13	to make an honest cook out of me make A (out) of B	「BからAを作る」
	15	repast	「食事」
	19	pitch in	「（人が）がつがつ食べ始める」
24	5	we could have some cold beer.	仮定法。提案を表す婉曲的な表現。
	12	run in	「（血統などが）流れる，伝わる」
	13	teetotaller [tiːtóutələr]	「絶対禁酒（主義）者」
		wreck	「廃人」

(8)

25	10	reformed < reform	「（習慣）を改める，改心する」
	12	yesteryear	「過ぎし年」
	14	press agent	「（劇場・俳優などの）報道［新聞・宣伝］係」
	17	were tied to… be tied to…	「（ある境遇に）縛りつけられる」
		reservation	「特別保留地」
26	4	hurly-burly [hə́ːrlibə́ːrli]	「大騒ぎ」
	9	making a living make a living	「暮らしを立てる」
	10	go slow	「気を付ける」
	13	my eye	「（反対・驚きなどの叫び）こりゃ驚いた」

page	line		
	18	pranks 「いたずら」	
		catch up with… 「（過失・病気などが）…に悪い結果をもたらす（on, with）」	
	19	land 「（打撃などを）加える」	
		celebrated 「有名な」	
27	2	live off… 「…のやっかいになる」	
	8	glamour puss《俗》「並外れて魅力的な顔の人」	
		take the count （ボクシング）「10秒以内に起き上がれないでノックアウトを宣せられる」「（比喩的に）死ぬ」	
	12	turn on 「刺激する」	

（9）

28	1	sober 「しらふの」↔drunken	
	16	for good 「永久に」	
29	3	dragging… down　drag… down 「…を引きずり倒す；（人を）堕落させる」	
	5	pass out 「酔いつぶれる」	
	11	belong with… 「…の支持者［味方・信奉者］である」所属関係を強調するためにwithを用いている。	
	13	Maybe I can give Norman back his.　この後にlifeが省略されている。	

（10）

30	1	must have slept like a log 「死んだように（ぐっすり）眠っ	

page	line		
		たにちがいない」	
	3	jittery	「神経質な，びくびくした」
	5	household	「家庭，所帯」
	8	take a dip in the ocean	「海で一浴びする」
	12	build up	「増進させる，再建する」
	15	a sunbather	「日光浴をする人」
	16	the briny deep	《文語》「海」

(11)

31	10	plays for keeps	「本気で行う」
32	2	Oh, no, he isn't. No, he isn't.　ともに isn't の後に dragging you (Esther) down with him が省略されている。	

(12)

32	10	Mabel [méibel]　女性名。	
	18	she's been through　be through…「…を切り抜けて」この through は前置詞で前の what が目的語。	
33	4	the Chinese Theatre　ハリウッドで最も有名な映画館。	
	5	pay (a) tribute to…　「…に賛辞を呈する」	
	6	what has been called　挿入句。what is called（いわゆる）	
	9	Let me through, please.「通してください」この through は副詞。	
34	2	go on with…　「…を続ける」	

（荒井良雄・増田光）

＜イングリッシュ　トレジャリー・シリーズ⑦＞
スター誕生

2002年6月20日　初版発行Ⓒ　　　　　（定価はカバーに表示）

訳注者	荒井　良雄	
	川股陽太郎	
発行人	井村　敦	
発行所	㈱語学春秋社	
	東京都千代田区三崎町2‐9‐10	
	電話　(03)3263-2894　振替　00100-7-122229	
	FAX　(03)3234-0668	
	http://www.gogakushunjusha.co.jp	
印刷所	文唱堂印刷	
写真提供	山路ふみ子文化財団映像ライブラリー	

落丁・乱丁本はお取替えいたします。

英語の宝箱
イングリッシュ 宝箱 7 トレジャリー
ENGLISH TREASURY

スター誕生

A Star Is Born

W.A.ウェルマン
R.カースン

〈別冊全訳〉

GOGAKU SHUNJUSHA

第 1 幕

(1)

受付係　ハイヒールやローヒールの靴をはいた女たちが，このハリウッドの小さなホテルのロビーをカタカタと動きまわる。アメリカ中から映画スターになるためにやって来たハイヒールやローヒールが。

エスター　おじさん，わたしに何か仕事来てないかしら。何かエスター・ブロジット宛に。

受付係　やあ，ブロジットさん。さあ，どうかな。いや，なかったね。今日はうまくいったかい。

エスター　仕事は何もなかったわ。

受付係　たぶんやり方がまずいのさ。ここにいるダニー・マクガイアに頼んでみろ。いい手を知ってるさ，そうだろう，ダニー。

ダニー　もちろん，それならここ数年お手あげさ。

受付係　ブロジットさん，こちらはマクガイアさんだ。映画の仕事をしているんだ。仕事がある時の話だがね。

ダニー　調子はどうだい。

エスター　仕事なんかありゃしないわ。仕事にはとてもありつけないんじゃないかと思い始めているの。だんだんこわくなってきたみたい。

ダニー　実は，すっかり疲れきって，落ち込んで無一文になったときの気晴らしは一つしかないんだ。元気を出せよ。一杯おごるから。

(2)

ダニー	元気が出たかい，エスター。
エスター	ええ，ダニー。わたしが出演契約書にサインする時，第一条件にするのは，わたしの出演映画はすべてあなたに監督してもらうようにすること。その次の主張は，ノーマン・メインをわたしの相手役にすることよ。
ダニー	何てお嬢さんだ。だけど，なんで彼の名前がそこで出てくるんだ。
エスター	ああ，彼は前からわたしの憧れなのよ。
ダニー	いいかい，エスター。郷里に帰らないで，ハリウッドに居座るつもりなら，食っていかなきゃだめだ。
エスター	そうね。
ダニー	そして，食うためには働かなきゃ。
エスター	その通りね。
ダニー	そこで，驚くなよ。きみの仕事を見つけたんだ。
エスター	ダニー。すごいわ。いつ撮影所に行けばいいの。
ダニー	それが，撮影所には行かなくていいんだ。実は，ウェイトレスの仕事なんだ。いいかい，考えようによっては，映画関係の仕事でもあるんだ。
エスター	あなたはウェイトレスになれって言ったじゃない。
ダニー	そうだけど，うちの撮影所の大物監督ケイシー・バークのためにウェイトレスをするんだ。撮影が終わって，あすの晩打ち上げパーティを開くのさ。それでぼくに臨時のウェイトレ

スを連れて来いって言ったんだ。大勢の人たちがきみに目をつけるよ。それに5ドルもらえる。

（3）

ケイシー	やあ。いますぐわたしをクビにするかい。それとも映画を見てからにするかい。わたしはもう監督なんていう代物じゃあない。男性看護婦さ。
オリヴァー	（笑う）なあ，バーク，映画に何かまずいところでもあるのかい。
ケイシー	ノーマン・メインっていうご仁なんだ。やつの演技は酒のせいでおかしくなってきたんだ。
オリヴァー	きみはノーマンとうまくやっているじゃないか。
ケイシー	そうとも。わたしはとびきりのブロモ炭酸水（頭痛薬）をミックスするように言われているよ。
オリヴァーの妻	失礼します。あなた，宣伝部のリビーさんがおみえよ。なにかノーマンさんのことで。
オリヴァー	ああ，そうか。どうせくだらないことだろう。やあ，リビー。
リビー	おたくのスターさん，ノーマン・メインがウィルシャー通りで救急車を拝借して逮捕されたんです。それもサイレンをじゃんじゃん鳴らしてね。
オリヴァー	なんてことだ。

リビー	妊婦のところへ駆けつける樹木外科医だと申し開きをしたんですよ。
オリヴァー	それで新聞に出そうかね。
リビー	いや，新聞には出ないようにしました。
オリヴァー	あーあ。
リビー	それにしても，メインさんのご乱行をいちいち記事差し止めにするのは，ずいぶん金のかかるご趣味ですね。
オリヴァー	困ったものだ，それで彼は……？
リビー	いやいや，ぶち込まれちゃいませんよ。保釈金を積んで釈放されて，自分のドゥーゼンバーグ・ロードスターに乗って，たぶん，このパーティの方角に向かってますよ。

(4)

オリヴァー	ノーマン，わたしはきみと組んで大いに稼いできたから，少々の損失には目をつぶろう。しかし，きみがほかの連中のような道をたどるのは見ていられないんだ。
ノーマン	オリヴァー，それならいっそのこと，わたしにロイズの損害保険でも掛けたらどうだい。
オリヴァー	自分を見失っているような人間には，保険は掛けられない。きみは大スターなんだぞ，ノーマン。しかし，人から一緒に仕事をしたくないと言われて，悠然としていられるほどの大物スターなんかいやしないんだ。

ノーマン	どいつがわたしと一緒に仕事をしたくないと言っているんだ。一緒に仕事をしたい人間なら大勢知ってるさ。
オリヴァー	そうだろうよ，ノーマン，わたしも知っている。しかし，親友としてきみがダメになってゆくのを黙って見ていられないんだよ。
ノーマン	そりゃどういう意味だよ。
オリヴァー	いいか，最初の兆しはいつも同じさ，ノーマン。台詞覚えが悪くなり，カメラマンはきみの二日酔いを隠すのに苦労させられる。それもこれもきみが一杯やらなきゃ気が済まないからさ，昼夜なしで。ずっと前からきみに忠告してきたはずだぞ，ノーマン。

（5）

エスター	メインさん，お飲物はいかがですか。
ノーマン	おい，このパーティの配役係はだれだ。あの美人のウェイトレスはだれだい。どこへ行くんだ，べっぴんさん。
オリヴァー	勝手にしろ。
ノーマン	ああ，これはうまい。きみがそのかわいい手で作ったのかい。
エスター	いいえ。
ノーマン	ちょっと待ってくれ。
エスター	ごめんなさい。お皿を台所に片付けなければならないんです。
ノーマン	だめ，だめ。行かせないぞ。

エスター	本当にごめんなさい。ビュッフェを手伝わなければならないんです，メインさん。
ノーマン	そりゃ，もちろん，みんなで手伝わなくては。うっかり忘れてたよ……。とてもきれいな髪の毛をしているね。
エスター	お願いです，メインさん。あなたはこんな所にいるべきじゃないです。
ノーマン	それに敏感そうな唇，魅力的な……。さあ，さあ，ここはきみのいる所じゃあない。ここから抜け出さなくては。
エスター	だめです。離れられないんです。
ノーマン	きみはウェイトレスにしてはかわいすぎるし，わたしは客としては退屈すぎる。

（6）

ノーマン	きみが何を言おうとしているか当ててみようか。
エスター	何かしら。
ノーマン	おやすみなさい，だろう。
エスター	おやすみなさい。それにいろいろありがとう。
ノーマン	いや，だめだ。もう少し待ってくれ。きみのことでわかったのは，きみが映画界に入りたがるほどおばかさんだっていうことだけど，それを自覚しているのかい。
エスター	なぜばかなの。ご自分はどうなの。
ノーマン	そう，そのことが言いたいんだ。まあ，この件は自分でも

	突っ込んで考えてみるつもりだ。
エスター	そう言っていただいて，とてもうれしいわ。
ノーマン	それじゃあ，一緒にわたしの家へ行って，この件で話し合うとしようか。
エスター	いいえ，せっかくですけど，ここでお別れしますわ。お腹立ちになって？
ノーマン	腹ペコだ。
エスター	それなら，どこかでお食事でもなさったら。
ノーマン	ああ，そうするよ。それじゃあ，おやすみ，ブロジットさん。
エスター	おやすみなさい，メインさん。
ノーマン	待ってくれ。せめて玄関まで送らせてくれ。また会えるかい。
エスター	そうね。
ノーマン	だれかに美しいって言われたことがあるかい。
エスター	さあ。
ノーマン	じゃあ，これでわかったね。
エスター	ありがとう。
ノーマン	これは，言いにくいんだが，とにかく言ってしまおう。スクリーンでのわたしはね，わかるね……。私生活のわたしときたら，ね，わかるね。しかし，何をしようと，わたしは美しいものを尊ぶ気持は失っちゃいないつもりだ。そしてきみは美しい。わかってくれるかい。
エスター	ええ。
ノーマン	それに，酒のせいでこんなことを言ってるんじゃないんだ。

エスター	うれしいわ。
ノーマン	おやすみ。
エスター	おやすみなさい。
ノーマン	おい。ちょっと待ってくれ。
エスター	ええ。
ノーマン	もう一度だけきみの顔を見せてくれないか。ありがとう。

（7）

（電話が鳴る）

オリヴァー	もしもし，何だって。だれ？　ノーマン？　今度は何をしでかした。ああ，なるほど。ああ，またその話か。なるほど，もちろん彼女は美しい。もちろん，わかってるよ。その子にスクリーン・テストを受けさせろだと？　ああ，確かに，彼女は素晴しい可能性を秘めているよ。彼女に何かがあるのは承知だが，どんな子にだって何かしらとりえってやつがあるのもご存知の通りさ。
ノーマン	聞いてくれ，オリヴァー。彼女には誠実さとひたむきなところがあるんだ。つまり誠実さとひたむきさが大女優の条件なんだ。この娘には確信がある。わたし自身がテストに立ち会うことにするよ。わたしはきみがひどい過ちをおかさないように助けてやろうと決めたんだ。彼女をほかの撮影所に横取りされないようにね。きみは働き過ぎだよ，オリヴァー。少

しは休む権利があるよ。ええっ？　テストを受けさせてくれるんだって？　やったぜ，オリヴァー。彼女にはわたしから電話する。

第 2 幕

(1)

スタッフ1	オーケー，ジョー。始めろ。
スタッフ2	スクリーン・テスト12。432番，エスター・ブロジット。監督はケイシー・バーク。カメラマンはヘイリー。
スタッフ1	おい，ちょっと待て。あの遮光板をどけろ。
スタッフ3	台に絹布をかけろ。いや，真黒いやつじゃない。そう，それだ。
スタッフ1	照明が強過ぎないかい，ヘイリー。
カメラマン	大丈夫だけど，バックライトを落してくれ。
スタッフ1	そこへ代役を立てろ，マイティ。
ダニー	彼女はうまくやってのけると思いますよ。そう思いませんか，バークさん。
ケイシー	それがわかるようなら，ダニー，撮影所はテストをしなくても済むし，わたしは一年に百万ドルは儲かるさ。
ダニー	そうかも知れませんね，バークさん。

ケイシー	いいか，みんな。これはただのテストだ。諸君はもしかしたら午後にフットボールの試合があるのを忘れてるんじゃないか。
カメラマン	準備オーケーです，バークさん。
スタッフ1	準備万事オーケー，バークさん。
スタッフ3	オーケー，バークさん。すぐに始められます。
全員	用意はいいな。用意オーケーです。
ダニー	用意オーケーです。バークさん。
ケイシー	よし。撮影を始めるぞ。用意はいいか，ノーマン。
ノーマン	用意！
ケイシー	いいですか，ミス……。何ていう名前だったかな。
ノーマン	監督だってすぐにきみの名前を覚えるさ。世界中がきみの名前を知るようになるんだ。
エスター	でも，わたし怖いわ。出直したほうがいいんじゃないかしら。
ノーマン	ばかなことを言うんじゃない。みんなこれを乗り越えてきたんだ。バーグマン，ベティ・デービス，マーナ・ロイ，そして今度はエスター・ブロジットだ。
エスター	いいわ。大丈夫よ。
ケイシー	静かに。
スタッフ1	静かに。本番だ。
ケイシー	スタート。スピード。よろしい，ミス・ブロジット。

(2)

オリヴァー　きみには言っておいたほうがいいだろう。うちの連中はきみと契約するなんて気違いざただと思っている。連中が正しいかも知れない。わたしは前にばかな見込み違いをやったこともあるしね。

エスター　あなたの判断が間違っていないことを願いますわ。

オリヴァー　まあ，すぐには分からんだろう。まったくまずいことに，ノーマン・メインがスクリーン・テストを見て，新作の相手役にきみを希望しているんだよ。

エスター　本当に。

オリヴァー　実際のところ，ゆずろうとしないんだ。わたしはきっぱりノーと言えたんだが，きみには触手が動くんだ。

エスター　そう。

オリヴァー　そう，観客はきみにつくと思うんだ。大切なのはそれなんだよ。たとえきみの演技がまずくてもね。

エスター　まあ。

オリヴァー　ところできみはなんて名前だい。

エスター　名前って。あら，わたしの名前はエスター・ブロジットだわ。

オリヴァー　だめだ，まったく，それじゃあだめだ。

エスター　どうして？　何か都合が悪いんですか。

オリヴァー　そりゃあ，エスター・ブロジットは主婦の名としてならいいが，スターの名としてはふさわしくないんだ。そうだなあ。新聞や看板に映える名前を付けなければならない。ヴィッ

	キィって子がいたな。それだ，ヴィッキィがいい。あとは名字だ。ジョーンズ，スミス，マフスキー。いや，だめだ。
秘　書	失礼します，ナイルズさん。レスターさんからお電話です。
オリヴァー	だれだって？
秘　書	レスターさんです。
オリヴァー	それ，それだ，レスターだ。ヴィッキィ・レスター。素晴しい。

（３）

ムーン	ハリウッドからビリー・ムーンがお伝えします。特ダネです。オリヴァー・ナイルズがまたやりました。新しいシンデレラを発見したのです。ロッキー山脈が生んだスターの卵。彼女の名はヴィッキィ・レスター。ノーマン・メインと共演する彼女のデビュー作が皆様の故郷で公開されるころ，彼女は即座にハリウッド中を熱狂させていることでしょう。

（４）

(歓声)

ノーマン	ヴィッキィ，冗談だろ。ボクシングの試合を見るのは本当に初めてなのかい。
エスター	そうよ。ノーマン。とても興奮するわ。
男	おい，ぶちのめせ！　右だ！

ノーマン	やつの攻撃をよく見てろよ。
男	おい，聞こえないのか。右をいけ！
エスター	そうよ。やっつけろ。
ノーマン	面白いかい。
エスター	ええ。
ノーマン	ぼくのこと好きかい。
エスター	もちろんよ。あなたはいつもわたしの憧れだった。ずっと前から……。
ノーマン	そう，わかってる，わかってる。ところで，ぼくと結婚しないかい。
エスター	だめよ。
男	さあ，いけ！　けりをつけろ！
ノーマン	どうして結婚してくれないんだ。
エスター	だって，あなたって頼りがいがないんですもの……。
男	右だ！
エスター	それに浪費家だし……。
男	おい，レフリー……。
エスター	お酒を飲みすぎるわ。
ノーマン	それじゃあ，きっぱり酒をやめると言ったら？
エスター	それで？
ノーマン	どんな時でも絶対に頼りがいのある男になると言ったらどうだい。（歓声）わあ，見事なパンチだ。すごい試合だ。
エスター	ノーマン。

ノーマン	えっ，何だい。
エスター	わたしが結婚してもいいと言ったら，さっきのこと全部守ってくれる？
ノーマン	とんでもない，ただの冗談さ。

（5）

エスター	ほんとに夢のようだわ。
ノーマン	これは現実だよ，ノーマン夫人。事実なんだ。あれがきみの新居。これがきみの新しい芝生で，あそこに木があって，ここにきみの亭主がいる。
エスター	ねえ，ノーマン。玄関まで抱いていって。
ノーマン	いいとも。もう一度キスしてもいいかい。
エスター	ああ，ノーマン。本当に幸せだわ。わたし本当に幸運だわ。一生幸せでいられるわよね，ノーマン？
ノーマン	もちろんだとも。ぼくを花婿として気に入ったのなら，少し待てば，夫としてのぼくを知るようになるさ。
エスター	わたし待てないわ。それに海辺の家に住むんだと思ってたのよ。
ノーマン	ああ，それなら海辺の家もずっとわたしたちのものにしておこう。だが，ここは特別だ。つまり，かつて天上にあった夢のお城で，ここでは契約とか映画とか出世といったいやな言葉は一切使わないんだ。この門をくぐれば，撮影所のことなんか閉め出してしまえる。（電話が鳴る）やれやれ，ぼくが

出るよ。はい。いやいや，レスターさんはまだ帰宅しておりません。いいえ，わたしは執事じゃない。何か伝言でもあるなら，できるだけちゃんと伝えますが。本当です。ああ，そう，アカデミー賞晩餐会ですね。ええ，ご連絡します。ああ，ちょっと待ってください。ノーマン・メインさんがたった今戻りました。晩餐会のことでお話なさいますか。ああ，そうですか。いいんですか。はい，はい。レスターさんが戻ったら伝えます。

|エスター|ノーマン。お願いだから。ねえ。|
|ノーマン|いや，気にしないでくれ。気付かなかっただけさ。いいかい，新しいスターが誕生したんだ。さあ，プールでも見に行かないかい。|

(6)

ノーマン	やあ，オリヴァー。
オリヴァー	やあ，どうだい，ノーマン。
ノーマン	友だちとしてきみに聞いてもらいたいことがあって来たんだ。
オリヴァー	もちろん，いいとも。さあ，言ってみろよ。どうした。
ノーマン	オリヴァー。きみはわたしが落ち目だと思うかい。
オリヴァー	そりゃあ。ノーマン，わたしは，……。言っても平気かい。
ノーマン	言ってくれ。

オリヴァー	実は，聞き方がまずいよ，ノーマン。きみは落ち目じゃあないよ。落ちるところまで落ちたんだ。
ノーマン	ファン・レターはまだずいぶん来るぞ。
オリヴァー	いや，ノーマン，まだおしまいだってわけじゃない。われわれ二人ともな。実はきみのために手に入れた素晴しい台本があるんだ。
ノーマン	その，エスターのことだが，きみはわたしが彼女の邪魔になると思うかい。
オリヴァー	そこなんだが，実際のところ，それが現実にはまさにそうなっているんだから，この映画には彼女の役はない。彼女には別の主演映画を撮る計画をようやく立てたところだ。共演には若手のペンドルトンあたりを起用してね。彼はうまい具合に脚光を浴びつつある。
ノーマン	若手のペンドルトンとは考えたな。よかろう，オリヴァー。やるだけやってみよう。手遅れでなければいいんだが。
オリヴァー	そうだ。手遅れでないことを願うよ。

（7）

エスター	あら，そこにいたのね。今日は何か変わったことあった？
ノーマン	何もないさ。ずっと家にいたんだ。
エスター	今晩はどこかへ出かけましょうよ。
ノーマン	いや，きみは疲れている。一日中撮影所にいたんだから。家

にいよう。
エスター　疲れてなんかいないわ，本当よ。
ノーマン　いいや，疲れてる。それにこれからも大変なんだ。とにかく，きみにもなかなか会えないんだから，二人きりでいたいんだ。
エスター　でもノーマン，今夜召使はお休みよ。何も食べるものがないわ。
ノーマン　そうだな。実は暇な時に料理を勉強してるんだ。
エスター　それならあなたとの結婚を考えてもいいわ。
ノーマン　(笑う) わかった。このわたしを忠実なコックにしようって気だな。ほら，素晴しいごちそうのヴェールを取るぞ。さあ，どうだい。
エスター　見事だわ。
ノーマン　ぼくもそう思うよ。さあ，お上品ぶらないで。かぶりつけよ。サンドイッチは確かに少し大き過ぎるかも知れないがね。
エスター　わたしの口にはちょっと大き過ぎるみたい。
ノーマン　それはまずいな。この次は口の大きさを計ってから，それに合わせて作るとしよう。
エスター　これじゃ持ち上げるのに，ちょっとやっかいね。
ノーマン　冷えたビールが欲しいな。
エスター　ダメよ，ノーマン。
ノーマン　なに，きみが飲むんだ。ぼくは見てるさ。約束を破ったりしてないよ。一滴たりとも酒は飲んでない。そう，結婚してからはね。

エスター	ああ，あなた，そんなあなたがとても好きよ。
ノーマン	それじゃ禁酒はきっと家族に遺伝したんだ。だって，この絶対禁酒主義者の老ぼれ廃人は，きみにぞっこんほれ込んでるからね。すてきなキスをしてくれるかい。
エスター	一日中待ちわびてたわ。(ブザーの音) 出なくてもいいわよ，ノーマン。放っとけば行ってしまうわ。
ノーマン	いや，こんな時間じゃ帰りそうもないよ。すぐに戻るからね。
郵便配達	ヴィッキィ・レスターさんのお宅ですか。小包です。
ノーマン	わたしのサインが必要かな。
郵便配達	あなたはどなたで。
ノーマン	ヴィッキィの亭主だ。
郵便配達	それならどうぞ。ここにサインしてください，レスターさん。
ノーマン	何，ぼくがレスターだって。こりゃあ驚いた。

(8)

(笑い声と話し声)

サム	こんにちは，メインさん。ずいぶんお久し振りですね。何にします？ いつものですか。
ノーマン	いいや，わたしは改心したんだ，サム。ジンジャー・エールを頼む。
リビー	これはこれは，往年のミスター・アメリカじゃないか。
ノーマン	やあ，どうだい，リビー。宣伝の仕事はどうかね。

リビー	付き添いなしでうろついてもいいのかい。あんたは特別保留地に縛り付けられているんだとばかり思ってたぜ。
ノーマン	ああ，最近はずっと家にこもりがちだよ，リビー。
リビー	そりゃあ，さぞかし退屈だろうな。映画の空騒ぎから隠退してこのかた，暇をもてあましているんだろう。
ノーマン	そりゃあ退屈だとも。エスターはご存知のように家にいないことが多いからな。
リビー	おれだったら，不平なんか漏らさないぜ。かみさんが稼いでくれたらそれで結構じゃないか。
ノーマン	おい，もう少し言葉に気を付けろよ，リビー。わたしたちが友だちだってことを忘れてもらいたくないんだ。
リビー	友だちだって，笑わせるぜ。いいか，おれは仕事だからあんたを助けてやったまでだ。友だちだったからじゃないぞ。きさまなんか大嫌いだし，一度だって好きになったことはないさ。お前さんがばか騒ぎのためにだめになり，すました顔に泥がつくのを見るほど愉快なことはないぜ。
ノーマン	卑劣なやり方だな，リビー。いつもスターが落ち目になるのを待っていて，けとばすってわけか。
リビー	おい，いいか。お前さんはぬくぬくと暮してやがるくせに。今でも奥さんに食わしてもらえるんだ。彼女だけはお前に酒を飲ませてなんとか我慢してくれるだろうさ。たとえほかのだれも……。
ノーマン	何てことを……。（リビーを殴る）

リビー	望むところだ。メインさん。(殴り返す)これでもくらえ。この時を待ってたぜ。床にはいつくばって，くたばっちまえ，二枚目のだんな。
人々	ノーマン・メインじゃない？　また酔っぱらってるんだ。ここ数年ずっと酒びたりなのよ。そうだけど，やつを興奮させるんじゃないぞ。立てないほどメロメロになっているじゃないか。
ノーマン	どういたしまして，立てますよ。
サム	顔を冷やすのに氷を持って来ましょうか，メインさん。
ノーマン	ああ，氷を山ほど持って来てくれ，サム。それにスコッチをボトルごと頼む。

（9）

オリヴァー	彼はまだしらふかい。
エスター	病人なのよ。
オリヴァー	ここ数週間ずっと酔っぱらっていたんだ。
ノーマン	(傍白)いいや，違うさ，オリヴァー。数週間どころか数か月さ。
エスター	眠っているわ。
ノーマン	(傍白)いや，眠っちゃいないさ。聞き耳を立てているよ。
オリヴァー	ヴィッキィ，まだ彼のことを愛しているのかい。
エスター	もちろんですとも，オリヴァー。わたしはそばにいて彼の助

	けになりたいんです。
オリヴァー	ヴィッキィ，言っておきたいことがあるんだ。
エスター	聞きたくないわ。わたしの成功についてあなたが何を言おうがかまいません。わたしは映画の仕事をあきらめます。ノーマンと一緒に永遠に映画界を去るつもりです。
オリヴァー	しかし，そんなことはできないよ。きみは成功のまさに頂点にいるんだ。そのために一生懸命がんばってきたじゃないか。一方彼のほうは，……ノーマンはもうおしまいだ。彼はそれを認めないだけさ。自分と一緒にきみも引きずり降ろそうとしているんだ。
エスター	オリヴァー，彼に聞こえたらどうするんです。
オリヴァー	なに，彼は眠っているよ。たぶん酔いつぶれてるのさ。きみはノーマンを守ろうと十分努力してきたじゃないか。きみの出世を彼が助けたときみは言っているが，わたしに言わせればだれも他人の出世の手助けなんてできやしないさ。きみ自身が成功への道を切り開いてきたんだぞ。映画はきみの人生そのものなんだ。
エスター	彼なしではいられないんです。
オリヴァー	きみは自分の人生を投げ出そうとしているんだぞ，ヴィッキィ。
エスター	わたしはノーマンの人生を取り戻せるかも知れないわ。さようなら，オリヴァー。いろいろありがとう。

(10)

ノーマン	おはよう。それとも，もう夜かな。
エスター	もう夜よ，ノーマン。
ノーマン	ぐっすり眠っていたらしいな。
エスター	ええ，ずっと眠っていたわ。そうでしょ。
ノーマン	きみは神経質になっているようだね。こっちはたった今いらいらから解放されたのに，今度はきみがいらいらしているようだ。素晴しい家庭だな。
エスター	（すすり泣いて）そうね。
ノーマン	おい，今夜は運動選手になった気分だよ。海で一泳ぎしてくるかな。
エスター	泳ぐって，こんな夜中に？
ノーマン	そうだとも。なんたって，ぼくは心を入れ変えた人間だからね。ぼくに必要なのは筋肉を鍛え直すことなのさ。ソックスを脱いで一緒に泳ごうよ。
エスター	ノーマン，わたし寒いわ。わたしは日光浴専門よ。
ノーマン	そうだったね。それじゃあ海に行ってくるとするか。
エスター	何か暖かいものを作っておくわね。
ノーマン	きみは金では買えない宝石だ。いい女房だ。ちょっと，そのまま動かないで。
エスター	どうして，変よ。
ノーマン	そのまま。もう一度だけきみの顔を見せてくれないかい。

(11)

（波の音）

ノーマン　冷たいな。だけど太平洋が冷たくて何でいけないんだ。墓場になると思えば当然冷たくていい所さ。そう，海はあそこでおれを待っている。本気で沈めようとしている。おれは何のためにこんなことをしているんだ。戻るんだ，メイン，手遅れになる前に，戻るんだ。

（回想する）

――（エスターの声）いいえ，わたしは映画の仕事をあきらめます。ノーマンと一緒に永遠に映画界を去るつもりです。

――（オリヴァーの声）きみは成功のまさに頂点にいるんだ。ノーマンはもうおしまいだ。彼はそれを認めないだけさ。自分と一緒にきみも引きずり降ろそうとしているんだ。

ノーマン　いや違う。それは違う。わたしはそんなことはしない。ノーマン・メインは沈んで行くのさ。いやだ！　行くんだ，メイン。どんどん下へ下へ，沈んでいく……。

（波の音，音楽）

(12)

（聴衆の声）

ファン1　彼女が来たわ。もっと見通しが良ければ，あなたが見えるのに。
ファン2　押しちゃいなさいよ。もっと近づかなきゃ。

ファン1	あそこよ。ヴィッキィ・レスターよ。ヴィッキィ，ヴィッキィ。
ファン2	彼女，きれいだわ。
ファン3	だんなさんが海で溺れ死んだばかりだというのに。
ファン2	とてもそんなことがあったようには見えないわ。
ファン1	ヴィッキィ，ヴィッキィ。わたしのほうを見てくれたわ。
ムーン	皆さん。今夜のオープニングのために映画界全体がチャイニーズ・シアターに詰めかけました。この作品で最高の演技をしたと言われている偉大なスターに賛辞を贈るために集まったのです。ハリウッドの心をつかんだのは，ミス・ヴィッキィ・レスターです。(歓声) 通してください。すみません，通してください。どうも。レスターさん，どうかレスターさん，この一大イベントに入る前に映画ファンのために何かお話をお願いします。皆さん，ミス・ヴィッキィ・レスターです。
エスター	どうもありがとう。しかし今夜わたしは，ノーマン・メイン夫人としてお話させていただきます。

終